Pościg Śmierci

Chase of Death

Jonny Zucker

Przekład
Translated by
Kryspin Kochanowski

Other Badger Polish-English Books

Rex Jones:
Pościg Śmierci	Chase of Death	*Jonny Zucker*
Futbolowy szał	Football Frenzy	*Jonny Zucker*

Full Flight:
Wielki Brat w szkole	Big Brother @School	*Jillian Powell*
Potworna planeta	Monster Planet	*David Orme*
Tajemnica w Meksyku	Mystery in Mexico	*Jane West*
Dziewczyna na skałce	Rock Chick	*Jillian Powell*

First Flight:
Wyspa Rekiniej Płetwy	Shark's Fin Island	*Jane West*
Podniebni cykliści	Sky Bikers	*Tony Norman*

Badger Publishing Limited
Oldmedow Road, Hardwick Industrial Estate,
King's Lynn PE30 4JJ
Telephone: 01438 791037

www.badgerlearning.co.uk

2 4 6 8 10 9 7 5 3 1

Pościg Śmierci *Polish-English* ISBN 978 1 84691 423 2

Text © Jonny Zucker 2005. First edition © 2008
This second edition © 2015
Complete work © Badger Publishing Limited 2008.

All rights reserved. No part of this publication may be reproduced, stored in any form or by any means mechanical, electronic, recording or otherwise without the prior permission of the publisher.

The right of Jonny Zucker to be identified as author of this Work has been asserted by him in accordance with the Copyright, Designs and Patents Act 1988.

Publisher: David Jamieson
Design: Fiona Grant
Editor: Paul Martin
Cover illustration: Andy Parker
Illustration: Pete Smith
Translation: Kryspin Kochanowski

Pościg Śmierci
Chase of Death

Spis treści   **Contents**
Jak to się zaczęło... How it started…

1 W grze...................... In the game

2 Gazu!........................ Speed up

3 Na drodze.................. In the way

4 Nowy kierowca.......... New driver

5 Srebrny pas............... The Silver Stripe

6 By zabić.................... In for the kill

7 Kula ognia................. Fireball

8 Końcowa rozgrywka.. End game

Jak to się zaczęło...

Piętnastoletni Rex Jones dostał nowy telefon komórkowy, który widział w czasopiśmie. Był to ostatni egzemplarz w sklepie. W odróżnieniu od modelu, który widział w magazynie, ten miał dwa dodatkowe przyciski – zielony, z podpisem **POSZUKUJ**, oraz czerwony, podpisany **POWRÓT**. Mężczyzna w sklepie powiedział, że żaden inny aparat nie miał tych przycisków.

Z początku telefon działał, jak należy i Rex zapomniał o dodatkowych przyciskach. Pewnego dnia usłyszał, jak wydaje z siebie dziwny, brzęczący dźwięk. Kiedy na niego spojrzał, zobaczył, że świecił się zielony przycisk **POSZUKUJ**. Nacisnął go i nagle znalazł się w niesamowitym świecie przygód. Każda z nich może skończyć się jedynie wtedy, gdy telefon znowu zabrzęczy i naciśnie się świecący na czerwono przycisk **POWRÓT**.

Rex czasem przeżywa przygody ze swymi najlepszymi przyjaciółmi, Carlem i Davem, innym znów razem, w pojedynkę. Po drodze staje twarzą w twarz ze strachem, niebezpieczeństwem i śmiercią.

Poradzi sobie, czy też czeka go zguba?

How it started...

Fifteen-year-old Rex Jones has got a new mobile phone. He'd seen it in a magazine. The shop where he bought it had only one left. But, unlike the one in the magazine, this phone had two extra buttons – a green one marked **EXPLORE** and a red one marked **RETURN**. The man in the shop said that none of the other phones had these buttons.

The phone works fine at first and Rex forgets about the extra buttons. But, one day, he hears the phone making a strange buzzing sound. When he looks at it, the green **EXPLORE** button is flashing. He presses it and suddenly finds himself in an incredible dream world of adventures. Each adventure can only be ended when the phone buzzes again and the flashing red **RETURN** button is pressed.

Sometimes Rex has these adventures with his best mates, Carl and Dave. But other times he's by himself. On the way, Rex faces fear, danger and death.

Is Rex up to it or does he face a terrible fate?

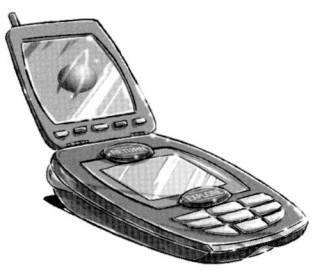

1 W grze

Rex i jego najlepsi przyjaciele, Carl i Dave, siedzieli w jednym ze szkolnych laboratoriów. Pan Jobson prowadził lekcję na temat ognia. Napisał coś na tablicy po czym podzielił uczniów na grupy. Rex i jego przyjaciele znaleźli się w tej samej grupie.

Ustawiali właśnie probówki na stołach gdy telefon Rexa zabrzęczał. Pan Jobson był po drugiej stronie klasy. Zielony przycisk **POSZUKUJ** świecił się.

Rex spojrzał na Carla i Dave'a – ci skinęli głowami, po czym Rex nacisnął guzik.

Rozbłysło białe światło i w następnej chwili chłopcy znaleźli się przy torze wyścigowym.

Stali z otwartymi ze zdziwienia ustami.

1 In the game

Rex Jones and his best mates, Carl and Dave, were sitting in one of the school science labs. Mr Jobson was doing a lesson about fire. He wrote some stuff on the board and then split the class into groups. Rex, Carl and Dave were in a group together.

They were just putting some tubes on a table when Rex's mobile buzzed. Mr Jobson was on the other side of the room. The green **EXPLORE** button was flashing.

Rex looked at Carl and Dave. They nodded. He pressed the button.

There was a flash of white light and, next thing, the boys found themselves standing beside a racetrack.

The boys stood with their mouths open.

- Byłem tu już przedtem - powiedział Dave.

- Ja też - odparł Carl, patrząc na tysiące ludzi siedzących na trybunach.

- Jesteśmy w **Pościgu Samochodowym** - powiedział Rex.

- Grze komputerowej? - zapytał Dave.

Rex skinął głową.

W pewnej odległości widać było linię samochodów, które zmierzały w ich kierunku.

- Wy trzej, wsiadajcie do czerwonego samochodu! - zawołał mężczyzna w białej czapce stojący na podwyższeniu kilka metrów od nich. W ręku trzymał flagę w biało-czarną szachownicę.

Czerwony samochód stał po drugiej stronie toru.

- POŚPIESZCIE SIĘ! – wrzasnął. W jego głosie dało się wyczuć strach.

Hałas samochodów, zmierzających w ich kierunku, wzmagał się.

"I've been here before," said Dave.

"So have I," nodded Carl, looking at the thousands of people sitting in the stands.

"We're inside **Motor Speed Chase**," said Rex.

"The computer game?" asked Dave.

Rex nodded.

In the distance, they could see a line of cars heading towards them.

"You three get into that red car!" yelled a man with a white cap, standing on a platform a few yards away from them. He was holding a black and white checked flag.

The red car was on the other side of the track.

"HURRY!" shouted the man. There was fear in his voice.

The noise of the cars speeding towards them was getting louder.

Chłopcy przebiegli w poprzek toru. Drzwi do czerwonego samochodu były otwarte.

Rex wskoczył na siedzenie kierowcy, Carl siadł obok niego a Dave usadowił się z tyłu, po czym zapięli pasy.

Na tylnym siedzeniu leżały trzy kaski. Każdy wziął jeden i włożył na głowę. Rex przekręcił kluczyk w stacyjce i zapuścił silnik.

Miał już odjechać, gdy dziewczyna o brązowych krótkich włosach pojawiła się przy drzwiach kierowcy, machając rękami.

- Wysiadajcie! – krzyknęła.

The boys ran across the track. The doors of the red car were open.

Rex jumped into the driver's seat. Carl got into the seat beside him. Dave climbed in the back. They pulled on their seat belts.

There were three helmets on the back seat. They each grabbed one and put it on. Rex turned the key and the engine came to life.

He was about to drive off, when a girl with short brown hair appeared beside the driver's door, waving her arms.

"Get out of the car!" she shouted.

- Za późno – odkrzyknął Rex.

Przycisnął pedał gazu i samochód ruszył.

"It's too late," yelled Rex.

He put his foot down and the red car took off.

2 Gazu!

Rex pewnie trzymał kierownicę. Samochód dotarł do pierwszego zakrętu i łagodnie go pokonał. Rex wrzucił wyższy bieg.

– Mamy szczęście, że spędziłeś tak wiele czasu, grając w **Pościg Samochodowy** – powiedział Carl, przekrzykując hałas silnika.

– Racja – zaśmiał się Rex. Spojrzał na prędkościomierz – wskazywał 140 kilometrów na godzinę.

– Musimy jechać szybciej, jeśli chcemy pokonać innych – powiedział Dave, patrząc przez tylne okno.

Rex spojrzał we wsteczne lusterko. Dave miał rację, pozostałe samochody zbliżały się szybko.

Docisnął pedał gazu i obserwował prędkościomierz w miarę, jak samochód przyśpieszał – 160, 190, 220, 240, 270 kilometrów na godzinę.

Miało się wrażenie, że samochód zaraz oderwie się od ziemi i odleci.

– Szybciej! – krzyknął Carl.

Rex wiedział, że gdyby spróbował przyspieszyć choć trochę, samochód by eksplodował.

W tym samym momencie zauważył coś szokującego – ktoś stał na samym środku toru.

2 Speed up

Rex held the wheel firmly. The car reached the first corner and went round it smoothly. Rex moved up a gear.

"It's lucky you've spent so much time playing **Motor Speed Chase**," shouted Carl above the noise of the engine.

"True," Rex laughed. He checked the car's speed panel. They were already going at 90 miles an hour.

"We need to go faster if we want to beat the rest," said Dave, looking out of the back window.

Rex looked into his mirror. Dave was right. The other cars were catching up fast.

He pushed his foot down and checked the speed panel as the car moved faster. 100, 120, 135, 150, 170 miles an hour.

It felt like the car was about to take off and start flying.

"Faster!" yelled Carl.

If Rex tried to go any faster, he was sure the car would explode.

And then he saw something shocking. Someone was standing right in the middle of the track.

3 Na drodze

Rex nie mógł uwierzyć w to, co widział.

W pewnej odległości, dziewczyna o brązowych włosach stała na środku toru, trzymając transparent.

- Co tam jest napisane? – krzyknął Carl.

Byli jednak zbyt daleko, by go odczytać.

- Lepiej, żeby szybko zeszła z drogi – krzyknął Rex – w przeciwnym razie uderzymy w nią.

Lecz dziewczyna nie ruszyła się.

3 In the way

Rex couldn't believe what he was seeing.

In the distance, the girl with the brown hair was standing in the middle of the track. She was holding up a banner with some writing on it.

"What does her banner say?" yelled Carl.

But it was too far away. None of them could read it.

"She'd better move out of the way soon," shouted Rex, "or we'll smash right into her."

But she didn't move.

Rex skręcił tak mocno, jak tylko mógł. Samochód wpadł w poślizg.

Dziewczyna wciąż stała na torze.

- **Rusz się!** – ryknął Dave.

Nie miała żadnych szans.

Rex turned the wheel as hard as he could. The car skidded across the track.

Still the girl stood on the track.

"**MOVE!**" screamed Dave at her.

She didn't stand a chance.

4 Nowy kierowca

Dziewczyna uskoczyła z drogi tuż przed maską pędzącego samochodu.

- Jest cała – krzyknął Dave – dostała się na pobocze toru.

Gdy samochód zrównał się z nią, chłopcy dostrzegli napis na transparencie:

NOWA GRA. NOWY KIEROWCA. NOWE NIEBEZPIECZEŃSTWO.

- O co jej chodzi? – zapytał Dave. – Kto jest nowym kierowcą? Ma na myśli Ciebie?

Rex wzruszył ramionami. – Nie wiem – odparł.

4 New driver

A split second before the red car reached the girl, she dived out of the way.

"She's OK," shouted Dave. "She made it over to the side of the track."

As the car sped past her, the three boys saw the writing on her banner.

NEW GAME. NEW DRIVER. NEW DANGER, it said.

"What's she on about?" asked Dave. "Who's the new driver? Does she mean you, Rex?"

Rex shrugged his shoulders. "Don't know," he replied.

Carl uderzył się w głowę, jakby wielka żarówka zaświeciła się w jego mózgu. – Mam! – krzyknął. – Wiem, co oznacza jej transparent!

Wyglądał na przerażonego.

- Co takiego? – spytał Rex, jeszcze bardziej dociskając pedał gazu.

- Ostrzega nas – powiedział Carl.

- Przed czym? – spytał Dave.

- Pamiętacie, że w grze *Pościg* żaden z kierowców nie doznaje obrażeń?

Rex i Dave skinęli głowami.

- No więc, przeczytałem w magazynie, że twórcy gry wprowadzili nową wersję, która nazywa się *Pościg Śmierci*.

Carl slapped his head as if a huge light bulb had lit up in his brain. "I've got it!" he shouted. "I know what her banner means!"

He suddenly looked very scared.

"What is it?" Rex asked, pressing his foot down even harder.

"She's warning us," said Carl.

"Warning us about what?" asked Dave.

"You know when you play **Motor Speed Chase**, none of the drivers get hurt?"

Rex and Dave nodded.

"Well, I read in a magazine that the makers are introducing a new version. It's called **Chase of Death**."

5 Srebrny pas

- Niemożliwe – powiedział Dave.

- To prawda – stwierdził Carl. – Stworzyli również nowego kierowcę, Jerry'ego Draga. Gra nieczysto i prowadzi jak szaleniec.

- Jak wygląda jego samochód? – spytał Rex, patrząc we wsteczne lusterko.

- Czarny ze srebrnym pasem wzdłuż dachu.

- Taki, jak ten za nami? – krzyknął Rex, patrząc w lusterko.

Carl i Dave obrócili się. Z dużą prędkością zbliżał się do nich czarny samochód ze srebrnym pasem wzdłuż dachu.

5 The Silver Stripe

"No way," said Dave.

"It's true," said Carl. "And they've created this new driver called Jerry Drag. He plays dirty. He drives like a madman."

"What does his car look like?" asked Rex, looking in his rear view mirror as the red car sped on.

"It's black with a silver stripe along the top."

"You mean like the one behind us?" Rex shouted, looking in his mirror.

Carl and Dave spun round. Closing in on them fast was a low black car with a silver stripe along its roof.

6 By zabić

Samochód Jerry'ego Draga wyrwał do przodu.

Rex docisnął pedał gazu, lecz auto Jerry'ego zbliżało się szybko.

Kilka sekund później dotknęło tyłu czerwonego auta.

- Przyśpiesz, Rex! – krzyknął Carl.

Jerry znów uderzył w ich tylny zderzak, lecz tym razem znacznie mocniej. Czerwony samochód skoczył do przodu.

- On nas zabije! – wrzasnął Dave.

- Jest szalony! – krzyknął Carl.

W tym momencie Jerry przyśpieszył i auta znalazły się obok siebie. Jerry gwałtownie skręcił i jego samochód uderzył w bok czerwonego.

Autem zarzuciło w poprzek toru i chłopcy wrzasnęli. Parę chwil później samochód Jerry'ego znów w nich uderzył. Chłopcy widzieli go śmiejącego się dziko i słyszeli jego głos ponad rykiem silników.

6 In for the kill

Jerry Drag's car lurched forward.

Rex pushed his foot down harder to make the red car go even faster, but Jerry's car was catching up fast.

A few seconds later, Jerry's car nudged the back of the red car.

"Go faster, Rex," shouted Carl.

Jerry hit their back bumper again – this time much harder. The red car flew forward.

"He's going to kill us," screamed Dave.

"He's mad," shouted Carl.

At that moment, Jerry's car sped forward. It was now right next to the red car. Jerry turned the wheel and his car smashed into the side of the red car.

The boys yelled out as their car spun across the track. A few seconds later, Jerry's car crashed into them again. The boys could see Jerry laughing wildly. They could hear his voice above the engines.

- Z drogi dzieciaki! – wrzasnął przeraźliwie. – Król Toru chce za wszelką cenę wygrać ten wyścig!

- W żadnym razie! – krzyknął Rex.

Jerry jeszcze raz w nich uderzył. Rex poczuł jak traci panowanie nad samochodem, który zmierzał teraz w kierunku wielkiej metalowej ściany.

- Zginiemy! – wydarł się Carl.

"Move over boys!" he shrieked. "The King of the Track is dying to win this race!"

"No way!" shouted Rex.

Jerry flung his car at them once more. Rex felt the car spinning out of control. It was speeding towards a giant metal wall.

"We're going to die!" yelled Carl.

7. Kula ognia

Kiedy samochód miał już roztrzaskać się o ścianę, Rex odzyskał panowanie nad nim i gwałtownie skręcił. Samochód minął ścianę o kilka centymetrów.

7 Fireball

Just as the car was about to smash into the wall, Rex got it back under control and swerved. The car missed the wall by a couple of inches.

Jerry Drag był wściekły. Krzyknął na chłopców przez okno. Robiąc to, nie patrzył na drogę.

W tej sekundzie jego wóz wjechał na rampę, wystrzelił w powietrze i obrócił się w locie.

Rex, Carl i Dave patrzyli, jak uderza prosto w ogromny zbiornik oleju.

Zobaczyli z przerażeniem, jak ogromna kula ognia eksploduje wokół auta.

Gorąco uderzyło w ich twarze.

Jerry Drag was very angry. He yelled at the boys out of his window. But, as he shouted at them, he took his eye off the road for a second.

And, in that second, his car thudded onto a ramp. It sped up the ramp and turned over in mid air.

Rex, Carl and Dave watched as Jerry's car crashed straight into a huge oil tank.

They looked on in horror as a giant fireball exploded around Jerry's car.

The heat hit the boys in the face.

8 Końcowa rozgrywka

Rex gwałtownie wcisnął pedał hamulca. Zarzuciło samochodem w lewo, w prawo, i znowu w lewo, po czym przekroczyli linię mety.

Mężczyzna zamachał flagą w biało-czarną szachownicę.

8 End Game

Rex slammed his foot down on the brake. The car swerved left then right then left again until it flew past the finish line.

The man waved his black and white checked flag.

- Wygraliśmy! – wydarł się Rex.

Chłopcy usłyszeli krzyki i spojrzeli w górę na zbiornik z olejem. Jerry Drag wyczołgiwał się z palącego się wraku samochodu.

- Dopadnę was za to – zapiszczał.

W tym momencie dziewczyna o brązowych włosach pojawiła się przy ich aucie.

- Starałam się was ostrzec – powiedziała. – To jest nowa wersja gry i wiedziałam, że Jerry Drag będzie chciał was dorwać.

- Wygląda na to, że jedyną osobą, którą dopadł, jest on sam – powiedział Carl, wysiadając z samochodu.

- Dzięki za ostrzeżenie – powiedział Rex do dziewczyny.

W tym momencie auto Jerry'ego obsunęło się ze zbiornika z olejem i spadało na nich.

Zanim Rex zdążył krzyknąć „Uciekajcie!" jego telefon zabrzęczał i nacisnął świecący na czerwono przycisk.

Rozbłysło białe światło i chłopcy znaleźli się z powrotem w laboratorium. Pan Jobson podszedł do nich.

- To jest Tara, nowa uczennica – powiedział. – Chcę, by pracowała z wami trzema.

Dziewczyna z krótkimi włosami przeszła przez pokój.

"We've won!" yelled Rex.

The boys heard a yell and looked up at the oil tank. Jerry Drag was crawling out of the burning wreckage of his car.

"I'm going to get you for this," he shrieked.

At that second, the girl with brown hair appeared beside the car.

"I was trying to warn you," she said. "This is the new version of the game and I knew Jerry Drag would be out to get you."

"Looks like the only person he got was himself," said Carl, stepping out of the car.

"Thanks for the warning," Rex said to the girl.

But, at that moment, Jerry's car lurched backwards from the oil tank. It was going to fall on them.

Before Rex could shout "Run!" his mobile buzzed and he pressed the flashing red button.

There was a flash of white light and the boys found themselves back in the science lab. Mr Jobson walked over to them.

"This is Tara, she's a new girl," he said. "I want her to work with you three."

The girl with short brown hair walked across the room.

- Co się stało wam trzem? – spytała. – Wyglądacie, jakbyście przeżyli pożar.

Rex uśmiechnął się do niej szeroko.

- Było gorąco, ale poradziliśmy sobie.

"What's happened to you three?" she asked "You look like you've been in a fire."

Rex grinned at her.

"Nothing's too hot for us to handle," he said.